두타연 고양이

김춘만 시집
두타연 고양이

저　자 | 김춘만
발행자 | 오혜정
펴낸곳 | 글나무
　　　　서울시 중구 수표로 45. 비즈센터 905호
전　화 | 02)2272-6006
등　록 | 1988년 9월 9일(제301-1988-095)

2015년 11월 10일 초판 인쇄·발행

ISBN 978-89-91356-90-0　03810

값 10,000원

저자와 협의하여 인지를 생략합니다.

* 이 책은 강원도, 한국문화예술위원회, 강원문화재단 후원으로 발간되었습니다.

> 이 도서의 국립중앙도서관 출판예정도서목록(CIP)은 서지정보유통지원시스템 홈페이지
> (http://seoji.nl.go.kr)와 국가자료공동목록시스템(http://www.nl.go.kr/kolisnet)에서 이
> 용하실 수 있습니다.(CIP제어번호: CIP2015029353)

두타연 고양이

김춘만 시집

| 시 열기

형체도 없는 당신을 밀었습니다.
구름이 달을 미는 형상이나 달은 저 홀로 가고
달이 구름을 지고 가는 형상이나
구름 또한 혼자 가듯이
등을 미는 모습의 내가 있을 뿐입니다.
－「등밀기」 부분

2015. 11
공현진 바닷가 마을에서 김춘만

차례

시 열기 5

제1부 감곡리 나비

코딱지 논 13
장마 14
산철쭉 15
미시령 넘어가는 길 16
능소화 18
두드러기 19
감나무 두 그루 20
청명 21
스페어타이어 22
감 23
도어록 24
두타연 고양이 25
나도 풍경화 26
이기려 하지마라 27
녹조를 닦다 28
개구리 꽃 29
감곡리 나비 31
살내음 꽃 32

두타연 고양이

제2부 등밀기

순지르기 35
나무인가, 꽃인가 36
지금도 나이를 잡수시는 38
생각과 꽃 39
정월 대보름 40
산소 앞에서 41
공현진으로 간다 42
등밀기 43
말의 힘 44
함께 사는 나무 45
공현진 방파제에서 47
여름 49
늙지않는 집 50
여름화단에서 51
오버랩 52
마당은 지금도 방이다 53

제3부 만년필

손보기   57
결혼식장에서   58
발로 쏜다   60
고물장수   61
동네 이발소   63
우리 사는 얘기   65
우물집 할머니   67
만년필   69
얼굴   71
봄 장맛   73
상추씨 속의 작은 하늘   74
그는 학이다   76
눈빛 대화   78
경북호 선장   79
제왕나비 사장님   80
잠수부 친구   81
봉가네 집   82

제4부 초도 아저씨

상봉신청   87
계단의 법칙   88
가끔 실수는 용서되어야 한다   89
이제는 그만 떠나시라   91
그 사람 그리네   93
북방어장   95
초도 아저씨   97
멍   99
버섯을 보다   100
가을볕이 좋다   101
누군가 연줄을 당긴다   102
당신은 불통지역에서   103
무엇을 비우기 좋은 날   105
옥수수 말   107
한식   108
낯선 체류자   109
연변 아저씨   111

5부 쇠물안골 새들은 반사경을 쫀다

늙은 벌집　115
연기　116
독수리화법　118
산 장마　119
산을 오르며 안다　120
이런 내린천　121
아침가리 가다　123
고로쇠 말　125
귀둔리 기별　127
가슴에서 뛰는 고라니　129
쇠물안골 새들은 반사경을 쫀다　131
세상 쉬운 일　133
산에 그물을 친다　134
비오는 날의 천렵　136
냄새 이야기　138
산소에서 벌에 쏘이다　139

〈시인의 辯〉
그 집 불빛을 바라보며 / 김춘만　141

1부

감곡리 나비

코딱지 논

별빛 내려앉고
개구리들 모여 앉을 만한 자리
한 평이면 어떤가, 두 평인들 어떤가.

코딱지 논에서는 올해도 벼가 자라네.

벼가 이삭을 빼어 놓으니 메뚜기 뛰고
뿌리 쪽에서는 우렁이들 꼼지락거리네.

이 작은 숨구멍이 세상으로 토해 내는
힘이라니.

바람을 세우는 것도
주저앉히는 것도
코딱지 힘이라네.

태어난 것도
살아가는 것도
그 힘 작은 숨구멍이라네.

장마

잠깐 볕이 들었습니다.
싸라기 한줌 움켜쥐어
마당에 뿌려 놓으니 새들이 날아와 열심히 쪼아 먹습니다.

밭으로 나가니 몇 마리는 그곳까지도 쫓아와
고랑에 뿌려 놓은 들깨씨도 뒤적거려 쪼아 먹는 것입니다.

마당과 밭을 구분 못하는 새들이 무슨 죄가 있겠습니까.
그런 녀석들 지나치게 야속해 하는 마음이 문제입니다.

싸라기 한 줌만 한 마음
장마 속에서 상하고 냄새가 나는데
누가 반긴다고 세상에 뿌려 놓고
선행으로 보아 달랠 수 있겠습니까.

다시 비가 내린다지요.
마당에 서서 해야 할 일은
눅눅한 마음 여우볕에 말리는 일이겠네요.

산철쭉

강 건너 산철쭉은
늘어진 팔을 물에 적시고
그늘에 앉아 봄을 보낸다.
양지쪽이 한 발 앞인데
눈으로만 맞는다.
휘어진 허리를 움켜잡고
겨울을 지냈다.
가지 못하니 눈으로 만나고
마음으로 만난다.
빗소리 심심찮게 들리는데
나는 강 건너 다가가지 못하고
늙은 산철쭉은 몇 개 꽃눈으로 답한다.

미시령 넘어 가는 길

여름날 아침
울산바위를 깔고
넙죽 엎드린 늙은 사자
용맹스러웠던 날들, 천둥 같은 울부짖음
잠시 접어 두고 깊은 생각에 빠져 있다.

눈도 마주치지 않는 저 위용
결코 재빠를 수 없을 것 같은
육중한 체중을 계산한다.

비릿한 입 냄새와
감춘 발톱 속의 혈흔을
코끝으로 스치며
짜릿한 전율로 767미터 정상을 넘는다.

뒤돌아보니
청봉쪽 하늘이 뚫렸다.
느릿하게 하산하는 그 모습이
반쯤은 자신의 뜻으로

반쯤은 누군가의 힘으로
내 몸을 다시 채운다.

능소화

한여름 더위를 먹더니
감미로운 입술을 빼물고
담을 넘어왔다.

하루 종일 꽃잎을 흘려 놓고
또다시 붉은 기운으로 무장하는 힘

주인 없는 빈집
살짝 입대면 자지러질 것 같은
불덩어리 입술이 지천이다.

두드러기

백사장 아래로는 강이 흘렀다.
모래밭을 밟고 지나가는 사람들의
발걸음 소리가 조용히 강물로 스며들고
발자국마다 꽃이 피기 시작했다.

강은 어디로 이어지고 있나
어떤 교신을 나누며 이 많은 가려움을
부표처럼 띄우고 있나
불빛에 흔들리는 붉은 연꽃을 지켜본다.

감나무 두 그루

마당의 감나무가
하늘로 통하고 있다.

내가 생각하는 하늘이란
그리 높지가 않다.

한 그루는 이쪽 하늘로
또 한 그루는 저쪽 하늘로 맞닿아 있다.

잎을 내고 꽃을 피우고
바람에 흔들리다가
풋감 몇 개 떨어뜨리는
단순한 몸짓

읽어내지 못하여 안타깝지만
자고 나면 볼 수 있어
그저 좋다.

청명清明

청명은 노숙자
바깥 잠에 익숙한 그는
산수유 노란 잠을 며칠 자고
오늘은 부스스히 개천가를 돌아다닌다.

두꺼운 겉옷을 벗어버리자 하기엔
아직은 그의 눈빛 속 결단이 서지 않는다.
겨우내 자란 털이
온몸으로 흔들어 대자
민들레 꽃 속으로 몰려간다.

스페어타이어

폐차장으로 이동할 때까지도
한 번도 바깥에 나오지 못한

비록 쓰임은 없었지만
그저 있음으로 사명을 다한

있는 데
하나 더 있는

스페어타이어를 내린다.
약 12kg의 차체 다이어트를 위해

있어도 좋지만
없어도 되는

가볍게 살고 싶은 당신
비울 것은 무엇?

감

양지 바른 곳에
숨결이 따뜻한
그런 나무 하나 키우네.

맞닿는 생각이 구름처럼 번지고
몇 마디 말들 곱게 익어 가는

당신은 저쪽에서
나는 이쪽에서
가슴 발갛게 물들이고 있네.

도어록

스르륵 닫혔다.
나는 허락 없이 들어갈 수 없다.

문을 밀 때 저항하던 힘
그 힘 잡아 둘 문 말굽을 내리지 않는 한
빠르고 단순하게 원 위치

마음끼리도
작동된다.

서로 잡아 두던 힘
스르륵 풀리면
자동 잠금장치에 걸린다.

문 앞에서 생각할 일
나갈 땐 더 한번 생각해 볼 일
누구 앞에 다가설 땐 더욱 그럴 일.

두타연 고양이

양구의 민통선 안 두타연에
고양이 한 마리 풀어놓았네.
스님과 함께 코골이 하며 지낸 놈이라
깊은 골도 제집처럼 여기리.

물은 바서지듯 폭포수로 떨어지고
눈만 돌리면 천지가 꽃밭인 이곳에
고양이와 나눈 정도 무거운 스님은
걸망에 지고 와 훨훨 풀어놓았다네.

찬찬히 볼일이오.
그것이 고양이인지 스님인지
억장에 피어 있는 노인장대 붉은 꽃술인지.

올 가을 이 계곡 단풍은 더 붉어지리니
인적 드문 두타연에서
눈 맑은 고양이 만나면
그대 시주하듯 눈길 한번 주시라.

나도 풍경화
―박수근미술관에서

양구마을 앞뜰을 온전히 마음에 적시어
세상 사람 가슴을 물들게 한 대가의 그림을 보다가
나도 슬쩍 풍경에 담겨 보았네.

갈퇴산에서 내려온 尹은 호롱불 밑에서 잠을 청하고
뒷산에 올라간 李는 가랑잎처럼 가볍게 날아다니는데
새댁 같은 朴은 아직도 그리움에 나무 몸통 감싸 안았네.
우후죽순 뒤란의 대나무밭에 나와 그대들뿐이랴.
샘터 옆 울긋불긋 물봉선화, 그 밑에 패랭이도 예쁘다.
저기 헛간 뒤에 어정쩡 서 있는 張이여
그대는 얼굴 감춘 꽃범의 꼬리라네.

나무가 사람
사람이 시가 되어 가고
집이 산, 산이 그림이 되어
습식수채화로 천천히 번져 가는 그런 풍경에 젖어 보았네.

이기려 하지 마라

지고도 아름다운 것이 세상엔 많다.

꽃밭에 잡초가 극성이라고
여름내 뽑아내고 또 뽑아내다가
'내가 졌다' 손을 든 아내여,
흐드러지게 꽃 피었다 진자리
달개비가 피워 낸 맑은 아름다움에
눈물이 난다고 하지 않았는가.

자꾸 밭으로 기어들어 오는
밭둑의 호박줄
올리고 올리다가
'그래, 네 맘대로 해라' 모른 체했더니
옥수숫대 베어낸 자리에 큼직한
호박 송아지를 낳았구나.

지고도 아름다움을 만날 수 있다면
굳이 이기려 하지 마라.

녹조를 닦다

어항 속의 녹조를 닦다.
푸른 막이 얇은 속옷처럼 벗겨져 내리고
투명해진 어항 속에 알몸 물고기 두어 마리 헤엄친다.

바깥세상을 내다보지 못하던 물고기와
어항 속을 들여다보지 못하던 나는
오랜만에 두 눈을 마주한다.

내 눈 점차 흐려짐은 모르고
세상 탓만 했구나.

당신과의 사이 뜸해지는 것도
누구 때문이라 탓했는데
내 마음에 녹조가 자라고 있었구나.

어항 속의 녹조를 닦으며 안다.
바깥에 봄이 와도 맞이하지 못하는 가슴에는
겨울의 두터운 자락이 깔려 있음을.

개구리 꽃

마당 수돗가 연못에 심어둔
부레옥잠 몇 뿌리 각시수련 몇 뿌리
겨우내 몸 움츠리고 있다가
가녀린 새순을 밖으로 뻗더니
꽃잎을 연다.

사람들은
옥잠화 몇 송이 수련화 몇 송이
잘도 세지만
그 속에 개구리 몇 마리 사는지
아무도 모른다.

간밤 들짐승에게 몇 마리 물려 가고
대낮에도 날짐승에게 당하지만
꿋꿋하게 이곳을 지키고 있다.

저들이 어찌해서 살고 있는지
누구도 챙겨 주지 않는데
옥잠잎에 앉았다가 수련잎에 앉았다가

이곳에서는 개구리도 꽃이다.
환한 꽃이다.

감곡리 나비

나비로 날아가시는구나.
제왕나비 화려한 날갯짓으로
그곳으로 드시는구나.

십팔 년 전
노랑나비로 팔랑팔랑 가신 그분 곁으로
아흔 두해 비행 마치고 잘도 가시는구나.

사십사 년 오로지 갈뫼산에 머물던
몸체에 입력된 암호체계
스르륵 풀어 버리고
초여름의 따끈한 햇볕 아래
양양 감곡리로 가시는구나.

감곡리 하늘
오늘 두 마리 나비가 어찌하고 있어도
나는 그저 맑은 하늘만 보겠네.

살 내음 꽃

강 건너 흰 꽃 가득 피었다.
해마다 피었을 꽃

올해 더 눈부시게 희다.
나이 들어서야 보이는 꽃

흰 꽃이 손을 휘젓는다.
그 손길 따라
바람이 일고 살내음 밀려온다.

볼 수 없고 만질 수 없을 때
비로소 보이는 꽃.

2부

등밀기

순지르기

이름도 예쁜 태풍 지나고 나니
들깨 밭이 어지럽다.

휜칠하게 자랐던 깻대가
한밭 가득 이리저리 큰 대자로 누웠다.

어찌해 볼 양으로
세우려 드니 요지부동이다.
매운 향기 토하며 차라리 부러지고 만다.

순지르기를 했어야 했다.
제때에 자르지 못한 죄다.
바람에 맞설 만큼만 키웠어야 했다.

한해 깨 농사 망친
패전 장수다.

태풍 지나간 하늘 보며 웃었다.
 누구도 웃겠다.

나무인가, 꽃인가

너는 장미가 되리라
너는 푸르고 푸른 나무가 되리라
다 못 채운 너의 사랑은 꽃잎마다
향기로 채워지리라.

그리고 돌아서서 후회한다.
사람이 나무가 된다는 생각을
꽃이 된다는 생각을
한 번도 하지 못했을까
오래 전부터 그런 생각을 했다면
꽃이 된 너를
어쩌다 나무가 된 너를
알아 볼 수도 있지 않을까.

나무에다 너를 옮기고 나서
꽃에다가 너를 물들이고 나서
나무가 잎을 떨구고 있을 때
꽃잎이 한 두 잎 잦아들고 있을 때
싱싱한 젊음으로 돌아가는

푸름의 꿈을 쓰다듬지 않을까.

나무를 보고 말문이 막힌다.
꽃 앞에서 캄캄해진다.
너는 나무,
너는 꽃,
오월의 하늘 아래서 푸른 주문을 외고 있다.

지금도 나이를 잡수시는

추석에 한 번
위병소에 신분증 맡기고
초병과 함께 산에 올라 성묘하는
형님은 지금도 나이를 잡수신다.

젊음이 묻힌 지
서른 몇 해
그 사이 군부대가 들어서고 철조망이 쳐졌다.

돌보지 못하는 봉분은 갈수록 나지막해지는데
흰머리 동생은
올해도 벌초를 하고
절을 하고 술잔을 올렸다.

당신은 땅 속에서 나이를 잡수고
나는 바깥에서 그러하다.

내년에나 다시 봅시다.
앞서가던 병사가 웃는다.

생각과 꽃

가출소년 아버지는
돌아가셔서도 혼자다.

육십이 되어서야
그걸 생각하다니

가 본 적도 없는 아버지의 고향엔
누구도 혼자겠다.

그러고 보니 산소에 피어 있는 꽃
그게 누구겠다.

이런 생각은 좋다.
아버지도 어디 가서 꽃으로 피어 있겠다.

나뿐이랴, 이 가을 들판엔
생각만으로도 꽃도 가득이다.

정월 대보름

저 둥근 달 속으로 걸어갔던 당신이
이만큼 걸어 나오는 날.

둥둥 떠다니던 노래가 마른 눈발로
'애이불상'
날개를 접네.

당신의 품에서 자란 손주는 향을 사르고
나는 몇 줄 축문을 고하네.

흔들리는 촛불을 뒤로하고
당신이 걸어 나가시는가.

흐르는 달을 향해
소지 새 앞장섰네.

산소 앞에서

부모님 나란히 모신 산소 앞에서
아내에게 내 자리는
이쯤이 어떻겠느냐고 하다가
아무래도 번거롭겠다
차라리 태워서 훌훌 뿌리라 했더니
자기는 그러지 말란다.

아버지 어머니도 그랬던 적 있다.
양지바른 이쯤에 묻어 달라시더니
아버지는 화장이 편하지야
그때도 어머닌
무섭다. 따듯한 이곳에 묻어 달라셨다.

대단치도 않고
닥치지도 않을 것 같던 말들
훌쩍훌쩍 뛰어 와서 넘나드는 한낮
전할 수도 들을 수도 없는
교신을 나누고 있다.

공현진으로 간다.

유월에 간다.
한 여름 뜨거움을 이고 삼십년 떠났던 곳을
아내와 함께 돌아간다.
바깥에 나가서 불어난 아이들 떼어놓고
아버지 어머니 잠든 곳으로 간다.
동네에 들어설 생각만으로 마음이 헐겁다.
병원도 멀어지고
치과도 멀어지고
목욕탕, 편의점도 멀어졌다.
묵은 밭과 바다만 가깝다.
친구들에게
바뀐 주소를 전송했다.
길이 꿈틀꿈틀한다.
발바닥 간지러운 이 길
지난날까지 이어지는 길
천천히 걸어서 간다.

등밀기

등을 밀었습니다
등을 맡긴 사람은 누굽니까?
그 사람을 불러 보았습니다.
가늘게 갈라진 두 개의 다리가
문처럼 열리고 당신의 실체는 사라집니다.

형체도 없는 당신을 밀었습니다.
구름이 달을 미는 형상이나 달은 저 홀로 가고
달이 구름을 지고 가는 형상이나
구름 또한 혼자 가듯이
등을 미는 모습의 내가 있을 뿐입니다.

말의 힘

깊숙이 꽂고 다니다
힘들 때 꺼내어 아픈 곳에 갖다 대면
치료가 된다.

하루 일이 힘들었다.
되는 일이 없다고 투덜대며 퇴근하다
우편함에서 몇 통의 우편물을 꺼냈다.

불명의 발신자들과
감기 바이러스가
몸의 열기를 1도쯤 올린다.

계단을 올라가는 나에게
어깨를 툭 친다.

'지게를 두 개 지고 가는 사람은 없다.'

지게작대기 같은
평생 농사꾼 아버지 말씀이다.

함께 사는 나무

옛집에 돌아와서 마당을 정리했다.
우거진 잡목을 베어내고 인터로킹블록을 깔았다.

감나무 두 그루 살렸다.
첫 아이 낳던 해 아이와 함께 자라거라
그렇게 심은 것이 25년
베어 낼 수 없었다.

사철나무 한 그루 살렸다.
누님이 심었다 하기도 하고
형님이 심었다 하기도 하고
사, 오십 년 이곳을 지켰으니
너도 함께 살자 했다.

포클레인 기사가 후박나무 앞에 섰다.
아닐세 그 놈은 시집 온 아내가
초임 근무지에서 기념으로 심은 것이라네.

모두들

벌레 끼는 석류나무는 뽑아내자 했다.
장모님이 하늘에서 내려다보네
신혼 때 보내준 나무다.

아, 저것도 살아 있구나
설악산 계곡에서
물 적신 신문지로 분양해 온 단풍나무
화분에 심었다가 떠나면서 땅에 묻은 것이
어른 팔뚝만하다.

저것들이 둘러앉아 있으니
제법 살만하지 않은가.

공현진 방파제에서

낚시터로 이름 난 공현진 방파제
이전 모습에 익숙한 나는 안다
백사장에서 바라보던 곰바위
깊은 바다 속에 웅크린 그의 잔등이에서
하얀 파도가 일어나고
그것이 꽃처럼 피어올라
아침 햇살에 젖어 있던 모습을.

몇 년을 꾸역꾸역 바닷 속으로
집채 같은 바위덩어리를 집어넣으니
물위로 길이 나고
꽃으로 피어나던 곰바위 옆엔 등대가 섰다.

오징어가 한창일 땐
수평선 집어등 불빛은
복잡한 오선지의 음표처럼 돋아났고
파도와 함께 그 어디쯤에서
내 아버지 함께 보내주던
가슴 울리는 오케스트라였다.

그 바다 위 한참 걸어 나가
동네를 들여다본다.
미처 사그라지지 않은 모닥불의 온기
저 나지막한 지붕들 본다.

그 지붕 아래
조잘대던 소리들 새 떼로 솟구치며
석류 빛 하늘에 물든다.

여름

여름, 가족이 모였다.
공현진에 와서
형제들 모두 한자리 하였다.
십년만이다.

둘러앉아 옥수수 벗기고
강낭콩 까고
감자를 깎았다.

벽에 걸린 사진 속에서
어머니는 고추를 손질하고 있었다.

심심하신가?
사진 속에서 불렀다.
적당히 늙으셨을 때니 근력도 좋아
움켜잡는 손목에 단단한 힘이 전해졌다.

까마득한 옛일을 꺼내어
껍질 벗기고 만지작거리는 걸 보고
어머닌 별 말 없이 웃고만 있다.

늙지 않는 집

사진작가 엄씨가
7번국도 확장 때
옛집을 찍었는데
오늘도 흑백의 그 집은 거실에 걸려
사람들 마중을 한다.

여섯 칸 허름한 농가
부엌문 활짝 열려 있고
마당의 대추나무와
뒤란의 감나무 높아
지붕 낮은 집

사진에 얼굴 나올라
안방으로 들어간 어머니
고개도 못 내밀고 뒤란에 숨어 있는 아이들
마당과 집과 하늘이 함께한 집

비어 있지만 어머니 계신 집
아이들 수줍은 웃음도 숨어 있는
늙지 않는 집.

여름 화단에서

손님 오면 보시라고
마당에 심어둔 몇 그루 꽃포기가
때 아닌 이른 더위에 만개를 했네.
할미꽃 산나리야 그렇다 치고
백합은 참아 주리라 했는데
고것이 예쁜 한복 바쁘게 차려 입었네.

제 때 피고 지는 꽃들에게
손님 맞춰 피어라 하는
그 맘도 또한 꽃인걸.

건너편에서 넘겨다보던 도라지들이
알아채고 며칠째 얼굴 치장에 공 들이고
키 큰 놈 아래 기어가던 채송화는
천천히 키를 키우네.

오버랩

딱 오 년만 살아보자 했다.

고향집의 쟁기들
항아리들
뒤란의 감나무와
마당의 대추나무가 기다렸다.

아내는 눈 오면 눈 치우고
마당의 잡초와 씨름하며.
텃밭에서 땀 흘렸다.

이웃집에 마실 다니며
딱 오년이 지났다.

챙겨야 할 것이 두 배는 늘었다.

이대로 주저앉을까?
살림살이 둘러보니
그 말 맞다.

마당은 지금도 방이다

우리 식구 누워 자던 방이었다.
일곱 자짜리 방은 좁아서
서너 칸 있어도 열 평 남짓
아주 자그마한 흙집 터.

그 뒤로 물러나서 지은 벽돌집에서
꽃밭을 가꾸는 아내는
아무 것도 모른다.

작약이 피고 있는 곳은 내 누이들 방이고
매발톱이 엉거주춤 앉은 곳은 아버지 방.

아침마다 물을 뿌리고 호미질을 하는
비비추 한 무더기
그쯤에서 나는 당신에게 보내는
편지를 썼다.

찬찬이 보면
그 작은 꽃 봉우리 마다 누구 닮은 꽃잎이

고운 빛깔로 열릴 것이다.

꽃이 피는 마당은 지금도 방이다.

3부

만년필

손보기

낡은 단독주택에 살다 보면
'손 볼 데가 많다'라는 말이 실감난다.

물받이를 교체하고 나면
방충망을 손봐야 하고
벌어진 보도블록 사이엔 모래도 채워야 한다.

나이 들어가는 몸도 그렇다.
허술하게 여닫히는 눈물샘
조절기가 제멋대로인 배뇨관
조이고 맞춰야 한다.

몇 년째 열어보지도 못한
창고 정리도 해야 한다.
파일 속에 갇혀 있는 저 숱한 장작엔
언제 불 지피려나.

문득 시원한 바람 한 줄기
불러 본지 오래된 설렘이라는 창도
가끔은 닦아야 한다.

결혼식장에서

아들 하나 길러 장가보내는 날
칠성이 형이 서 있다.

아버지는 바다 나가 돌아오지 않았다.
초등학교 때였으니
맏이가 되어 무지무지 고생했다.

어머니는 몹쓸 병으로 가셨다.
그렇게 돌아가시는 분 한 둘이겠는가마는
유별나게 고생하다 가셨다.
옆집에서 지켜본 내 속도 짠했다.
모실 만 할 때였다.

그런 형이 머리카락이 다 빠져
가발을 쓰고 서 있다.
수술 한 것이 전이되어
다시 치료를 받는다.

후들거리는 다리로 버티고 서서

손님맞이하는 형과
악수를 했다.

예쁘디예쁜 신랑 신부가 있고
잘 차려입은 하객들 사이
반은 울 듯 반은 웃고 있는
공현진 전사가 있었다.

발로 쓴다

삿갓 봉우리 아래 서른 남짓 모여 사는 마을
아침부터 저녁까지 논밭두렁 타다가
틈내어 면사무소 다녀온다.
지나치는 길에 독거노인 집 둘러보고
길가에 쓰레기라도 쌓아 놓으면
제대로 치우라고 소리친다.
그는 하루 종일 발로 글을 쓴다.

소문으로만 알고 있던 마을 내력
짚신에 삼베옷 맨주먹으로 나라 지킨
할아버지들 있었다고
군수도 찾아가고 면장도 찾아다니더니
마을 어귀 양지바른 곳에 숭모비 세웠다.
그는 뚝배기 장맛이다.

서럽고 감사한 글 올릴 줄 알고
생각나면 한달음에 달려가
섭섭했을 마음은 풀어주고 온다.
자신을 팔푼이라고 하지만
발로 쓴 글들이 들꽃이다.

고물장수

살림살이 잘한다고 소문난 최씨가
고물장수를 시작했다.

허리 고장으로 바깥일을 못하니
그는 살림살이나마 물이 안 들게 했는데
주변의 권고도 있고 해서
차 한 대 구해서 나섰다.

세상에 망가지지 않는 게 어디 있으랴
버리는 게 또 한 두 가진가
새벽부터 돌아치며
사람들 버리는 걸 참 소중하게도 모아 온다.
기름 값 **빼고**도 일당이 된다고 좋아했다.

폐지도 줍고 고철도 줍고
보이는 대로 줍는다.
고철이 킬로그램 당 오백 원이어서
여름 내내 죽어라 날라댔는데
어느 날부턴가는 백구십 원씩 준다고 한다.

차 기름 값은 오르는데 고철 값은 내린다.
시작했으니 들어앉아 있을 수도 없고
오늘 주워 온 빈 깡통만도 산더미다.
이건 킬로그램 당 백 원짜리다.

최 씨가 고물장수 그만둘까봐 걱정된다.
그만두면 세상이 쓰레기로 넘칠 것만 같다.
지금도 바쁘게 돌아치는 그에게
더 부지런히 돌아다니라는 얘기만 해주었다.

동네이발소

모텔 펜션 들어선 동네
이발소에 들어갔더니
이발사가 그대로다.
거울 위 색 바랜 예수님 사진
낡은 밤색 의자 그대로다.

동네가 다 바뀐 줄 알았는데
아직도 한 귀퉁이에서
예전대로 살아간다.

이 속에서는
머리숱 줄어들고
흰머리 늘어난 나만 달라졌다.

시원시원 가위질을 하고
비누 거품 풀어 면도를 하고
그리고 마른 수건으로 머리카락을 떨어냈다.

머리는 내가 감았다.

그때처럼 했다. 그게 편할 것 같았다.
이발소 다녀오면 기분 좋은 건
예나 지금이나 같다.

우리 사는 얘기

누구도 길 씨 아저씨만큼 열심히 살지 못한다.
한 달에 두 번만 쉬고
새벽 다섯 시부터 저녁 다섯 시 까지
청소를 하러 다닌다. 이십년을 하루 같이
묵은 괘종시계처럼
그는 자꾸 늙어 가는데 봉급은 늘어나지 않았다.
칠십만 원에 묶여서 지금까지다.
답답하게 사는 것 같지만
발걸음이 가볍다.
늘 웃는 얼굴이다.
그는 쓸 만한 물건은 챙겨 온다.
강아지 집에 해가림 하라고
버려진 현수막으로 그늘막을 만들어 주었다.
우리 집에 필요한 건
뭐든지 만들어 주고 주워다 준다.
지금 내게 제일 많이 도움 주는 길 씨 아저씨.
그는 넉넉하지도 않고 퇴직금도 없다.
그래도 욕심을 부리지 않으니 편하게 보인다.
집 사람과 밥을 먹으며 연금 얘기하다가

길 씨 아저씨 얘기를 하고
우리 사는 얘기를 했다.
미안한 생각이 들었다.

우물 집 할머니

동네에서 제일 나이 많으신 분
어찌나 반겨 주시던지
자네 어머니가 계셨더라면
얼마나 좋았겠냐고 눈시울 붉혔다.

지금도 쓸고 닦는 부엌 바닥이
새색시처럼 뽀얗다.
나무 때고 밥하는 집
마당에 주렁주렁 달린 감으로 곶감을 깎고
텃밭에 참깨 농사 가득 짓는 집.

혼자서 한 농사
부추 풋고추 애호박을
가만 가만히 문 앞에 놓고 가신다.

구십 평생 그렇게 사는 분
아직도 꼿꼿한 허리 쪽진 머리로
진종일 일하며 사신다.

우물집 할머니 다녀가시면
집안에선 인동꽃 냄새가 난다.

만년필

나는 이런 만년필 하나 갖고 있다네.

여든 일곱 당신이
서울에서 사 오신 거라네.
열 발 걷고 한 번 쉬고
고관절 앓고 계신 당신이
죽을힘으로 사 오신 거라네.

건망증세로
그 귀한 것 속초 오는 정류장에서 잃어버리시고
웬만하면 주저앉으실만한데
돌아서서 또 죽을힘으로 사 오신 거라네.

하루 일정 잡은 것이 늦어져
낯선 여관방에서 하룻밤 뒤채신 당신
가방에 넣고 그 가방 둘러매고
초등학교 아이처럼 환하게 돌아온 당신.

사람의

온기 핑 도는
그런 만년필 하나 있다네.

얼굴

옆집 아주머니는 뭐든 나누어 준다.
개밥도 한 솥 쑤어서 반은 나누어 주고
코다리 명태도 한 짝 사서 이집 저집 펴 돌린다.
어제는 동치미를 한 냄비 가져오더니
오늘은 게장을 퍼 왔다.
여름내 푸성귀를 이 집 저 집 돌리고
우리 집 파, 고추는 떨어질 날이 없다.

원래 성품이 그런 게다.
나누어야 직성이 풀려서
혼자 먹고 살지 못한다는 아주머니
뭘 믿지도 않는데
성자처럼 나누는 법을 어떻게 터득했을까
어린 시절 배고파서 절절매던 그때
밥 한술 나눠 주는 사람이 그저 좋아서
이담엔 무조건 나눠 먹겠다고 작심하며 산 것이
그리 됐다.
말로 배우지 않고
몸으로 배워 그렇구나.

귀한 것도 여지없이 나눈다.
주어도 시원시원 주고
나눠도 참 푸짐하게 나눈다.
일당 삼만 원짜리 공공근로 다니는
아주머니 얼굴
편해 보여 좋다.

봄 장맛

구순의 할머니가
겨울 난 장 단지 열고 장을 퍼 오셨네.
달래 냉이 끓이라고 구수한 막장이라네.
잘 익은 장 빛깔 고와서
먹어 보지 않아도 입안에 가득
봄 강으로 풀어지네.

구순의 할머니가
당신의 마음 퍼 오셨네.
하루하루를 감사하게 살아가시는 저 마음
다 먹고 더 갖다 먹게나.
입맛 한창인 젊은 사람들 먹으라고
마음 한 사발 퍼 오셨네.

상추씨 속의 작은 하늘

모종판에 구부리고 앉아
씨를 넣는 사람은 의심치 않는다.
한 알 한 알 싹 틔운 상추씨
푸른 잎으로 하늘을 만들고
기둥 같은 줄기를 세워 가리란 걸.

갈 길이 바쁜 사람이건만
서두름도 없이
작은 씨 떨구는 손끝에 흔들림이 없다.

햇볕을 가려 주고
물을 뿌리며 시간을 기다리리라.

저마다 제 하늘 이고 가는 것
나에겐 나의 하늘이
저것에겐 저것의 하늘이 있다.

싹이 트고 잎이 자라는
상추의 하늘은 해가 중천일 때

그의 하늘엔 노을이 가득하리.

나무 핀셋으로 한 알씩 잡아
상추씨 넣고 있는 사람
상추 잎만 한 하늘 열리면
그 하늘 속 무심히 걸어갈 사람.

그는 학이다

박 씨 아저씨 팔순이시다.
불편한 다리를 절룩거리며
딸을 보냈다.
복숭아꽃처럼 붉은 딸이
환하게 웃으며 돌아서자
늙은 아버지는 눈물이 났다.

서른 중반 훌쩍 넘긴 막내딸
시원할 줄만 알았는데 그래도 섭섭하다.

평생 부지런히 살았어도
아들 하나에 딸 넷을 보내고 나니
해 줄게 없어 미안하다.
마음만 한아름 실어 보냈다.

붉은 고추밭에서 일하다가
고추 지지대 붙잡고 쉰다.
힘이 부치니 부치던 밭들도 내놓고
고추밭 하나만 지킨다.

밭 가운데 날아든
팔순의 학 한 마리
참 편하게도 서 있다.

눈빛 대화

그가 눈빛으로만 대화한다.
마른 꽃 대궁처럼 야윈 아내는
그의 속내를
잘도 알아차린다.

싹 틔우고 뿌리 내어
하늘빛 푸름을 옮겨 놓던 모종판
미처 내지 못한 조롱박을
측은하게 바라보니
그것이 걸어 나가 꽃을 피웠다.

하우스 속의 작은 화분들도
목이 말랐나 보다.
그의 부드러운 눈짓 한 번에
촉촉이 젖어간다.

그의 눈빛 속에
푸른빛이 끝없이 펼쳐졌다.
나무가 되어야 통하는 말
푸른 눈빛 대화다.

경북호 선장

바다만 바라보고 사는 사람
온 종일 바다 일만 하는 사람
그는 혼자 배를 몰고 다닌다.

먼 바다만 보고도 바람 불어오는 걸 알고
구름 떠다니는 것 보고 비올 걸 알아챈다.
남의 얘기는 별로 하지 않는다.
자신의 탓도 안한다.

바다 밑 훤히 알고
바다를 고마워하는
그저 뱃사람이다.

마디 굵은 손과 얼친 귀볼
검게 탄 얼굴
바닷가에서 흔히 볼 수 있는 사람
그러나 바다를 지키는 뱃사람
그 얼굴이 바다다.

제왕나비 사장님

여행을 좋아하는 사람
신작로 따라 남으로 떠났던 그는
제왕나비의 먼 귀향을 꿈꾸며 산다.

낯선 곳에서 터를 잡고
그의 손끝에서 조립되었던
수많은 부품들 같은 나날들.

한 계절이 지날 때마다
가슴 한 곳에 쌓이는 그리움의 무게를 달고
또 한 번의 멋진 비행을 한다.

수없는 탈바꿈으로 마음을 다스리며
언제나 싱싱한 날개를 펼 줄 아는
그는 제왕나비 사장님.

잠수부 친구

바닷속 드나드는 친구
스물 댓 발씩 들어가던 물 속
여남은 발로 줄이고
이젠 납띠도 가볍게 하게나.

봄이 오는 바닷속에서
키만한 미역줄기들 가슴으로 헤치고
해삼 멍게 주워들고
아이처럼 웃는 사람.

동해바다 속 잘 알고 있는
잠수부 친구
오늘도 너른 바다를
제 방처럼 드나든다.

봉가네 집

대나무에 둘러싸인 외딴집에
봉가 아저씨

봉씨도 아닌데
봉가로 불리는 건 이유도 없지만
봄 내내 산을 타고
여름 내내 산을 타고
가을 내내 산을 탄다.

고사리, 고비, 취나물, 참나물 뜯고
칡뿌리, 더덕뿌리, 도라지 캐고
능이, 싸리버섯, 송이, 노루궁뎅이 딴다.

아내랑 밥장사 하는데
웬만한 건 자기 손으로 채취한 거라고 아끼지 않는다.

도토리묵도 한 솥 고아
한 사발씩 권한다.
답답할 때 봉가네 가면 막힌 속도 뚫린다.

대나무 숲에 단단히 둘러싸여 있어
봉가네가 인심 좋은 건
아직은 세상에 알려지지 않았다.

4부

초도 아저씨

상봉신청

상봉신청을 하는 사람들
마음은 하나다.

만나고 싶다 보다
만나야 한다가 먼저다.

이유가 맑다.
너무 맑아서 다 보인다.

이 다 보이는 마음
뙤약볕에도 거둬들이지 않던
아비는 떠났다.

맨드라미 진자리
더 붉은 맨드라미 핀다.

딸이 다시 상봉신청을 한다.
그 이유도 하나다.
둘러대지 않아도 다 통한다.

계단의 법칙

온 여름내 한 단 올렸네.
가파른 벼랑에 길을 내는 일
바닥을 다지고 한 발 올려 딛을 만한 곳을
평평하게 만들어 내는 일.

의욕의 힘으로
반은 생흙을 허물어 내고
의심을 접어
반은 주저앉는 흙으로 받침을 하여
딛어도 허물어지지 않을 계단 내는 일.

올려다보는 만큼 손을 보내고
다가오는 마음 손잡아 보자고
오르락내리락 거릴 길을 트네.

숨이 차면 잠시 쉬다가
다시 발 딛고 갈 단 하나 내는 일
한 단씩만 만들고 한 걸음씩 가야 하는
계단의 법칙.

가끔 실수는 용서되어야 한다

아지랑이가 막국수가닥처럼 굵은 날
어선 한 척이 머리를 들고
북으로 갔다.

벌건 대낮에 무사히
금지선을 넘었다.

배 위에 앉아 있던 사람이
어로한계선 부근에서
날개를 펴고 날아간 것도 아니고
꾸벅꾸벅 졸다가 갔다.

수십 년의 긴장이
스르륵 풀리는 날
보이지 않는 선들이 모조리
아지랑이로 풀어지던 날

서너톤 됨직 어선 한 척
팔랑팔랑 종이비행기처럼

넘어가고 있었다.

그것은 실수였고
그런 실수가 용서되던 봄날이었다.

이제는 그만 떠나시라

끝내 자식들은 돌아오지 않았다.
쉰네 해 지났으니
그만 기다리시란다.
주저앉은 산소에서
앙상한 당신을 깨워서
화장터로 가자 한다.

전쟁 통에 북에 간 큰아들 둘째 아들
기다리다가 돌아가신 아버지
그 기다림 이젠 훌훌 떨고 가시자고
이 땅에 남은 셋째가 유골 몇 점 안는다.

부모 형제 없이
이 땅에 홀로 산 막내의
눈물도 함께 보내드린다.

그래도 씻은 듯 잊을 수 없던지
묻혔던 자리 나무 한 그루 심고 돌아선다.
나무는 자라서

이 땅의 내력을 푸르게 전하리.
당신은 윤이월 푸른 하늘로
'이제는 그만 떠나시라.'

그 사람 그리네

눈 한 짐 지고 가는 사람
봄 되면 녹을 거라 믿었는데
수십 년 지나도
녹지 않는 짐 지고 가네.

금강산 길 열리고
개성공단 서고
어린 축구선수들 오가도
봄은 정지한 한 장의 스냅 사진
칼날처럼 박혀 있을 뿐.

망향의 땅에 잠들어도
벗어내지 못하는 저 짐
봉분을 내리누르는
흙보다 무거운 저 짐.

녹지 않는 짐 지고 사는 사람
그런 사람들 모여 사는 언 땅에서
봄 햇살 기다리네.

무거운 짐 훌훌 벗고
젖은 몸 툭툭 털고
사람답게 살아갈 그 사람 그리네.

북방어장

문을 잠그고 여는 바다
세상에 하나뿐인 북방어장에는
뭔가 있습니다.

어로한계선 넘어
북위 38도 33분과 38도 35분 사이
저도 앞바다에서
그것을 보았다는 사람이 있습니다.

명태, 장어 흔치 않다고 하지만
그래도 황금어장
뱃머리를 힘 있게 돌리면서
그물을 올리는 굳은 손바닥엔 긴장이 사려지고
그 긴장이 풀릴 때 쯤
슬그머니 나타나는 게 있습니다.

북방어장 드나드는 뱃길 가르치던 아비는 떠나고
배타기 싫어하는 자식은 타지로 가고
혼자서 배질하는 그 사람도

분명하게 볼 수 있었습니다.

젊은 사람처럼 눈이 밝지 못해도
평생 해온 게 배탄 건데
뱃머리로 올라오더니 배꼬리에 주저앉아
한참을 있다가 바닷속으로 들어간
그것을 모르겠느냐고 합니다.

바다도 오랜 시간 잠가 두었더니
별일이 다 생깁니다.
북방어장에 다녀온 사람들은
토막 낸 바다가 형상도 없이 꿈틀꿈틀
가슴으로 전해주던 그 느낌을 얘기 합니다.

초도 아저씨

기축년 정월 초하루
아내는 초도에 갔다.
거동도 불편하고 귀도 어두운
여든 아홉 아저씨 만나러 갔다.

장인과는 동갑
함경북도 학성군 학남면에서
같이 월남하여 평생 동기간처럼 지내다가
장인도 가고 친구분들 뜬 세상을
혼자 지키신다.

한탄도 사그라지고
원망도 주저앉아
반쯤 죽어 사시는 아저씨가
묵은 달력 한 장을 아내에게 전했다.

맥없이 흘러간 세월을 보란 것이 아니다
달력 뒷장에 빼곡하게 그려 놓은 고향마을
지서와 우체국은 그러려니 해도

월남한 예순 넘는 친구들의 집
고샅길 찾아 이리저리 깔아 놓고
하나하나 불러 보고 세워 놓고 이름 달아 놓았다.

평생 그리움을 안고 사는 사람의 눈빛은
젖어 있지만 맑다했거늘
그 눈빛으로 이 그림 그려 놓고
혼자 웃었을 이방실 아저씨

'니 아부지 집은 저쪽에 있다.'
아내는 오늘 아버지의 마을을 안고 왔다.

멍

누구 가슴엔들
멍 하나쯤 없을 수야 없겠지만
유독 힘든 사연 많이 지닌
그 사람
가슴이 퍼렇다.

실핏줄 터지니
하얀 속살 퍼렇게 되고
굳어지고 또 상처 난
그 사람 멍을 찾는 일
어렵지 않다.

눈을 감아도 마음이
그걸 본다.

버섯을 보다

쓰러진 나무토막
어둑한 음지에서
조갯살 같은 세상을 열고
검은 꽃 피우는
너를 보다.

너의 입술은 부드러운 듯 강하고
물결 진 몸매는 아름답지만
속내를 알아채는 일 힘들어라.

나무토막은
이토록 다부진 얼굴
몇 개 올려 놓고 말없이
저렇듯 돌아누워 있는지.

지난여름 잦은 빗속에서
뒤척이며 기침하다가
은근하게 내뱉은 말들
뒤켠에서 저렇게 컸구나.

가을볕이 참 좋다

가을볕이 참 좋다.
선한 눈빛과 마주하는 것 같다.
누군 이 볕 좋은 날
떠나고 싶다고 했다.
아니 보내고 싶었다.

저곳까지 이어지진 않겠지만
이 따끈함에 고추가 빨갛게 익었다.
지나온 날들 잘 말려
가볍게 챙겨가라 했다.

가을볕 속에선
들 쑥 꽃도 환히 빛난다.
그 꽃 앉았던 자리로
참 가볍게도 날아갔구나.

누구 그리워하기엔
가을볕이 참 좋다.

누군가 연줄을 당긴다

연을 띄운다.
여덟 살 아이 마음
바람에 실려 보낸다.
이국에서 보낸
여든네 살 할아버지의 시 한편이 그렇고
병실에서 벗어나지 못하는
여든아홉 당신 눈빛도 그렇다.

좀 쉬엄쉬엄 가고 싶다는
팔순의 마음이 펄럭거린다.
하고 싶은 말 다 잘라낸
물 한 잔 닮은 눈빛 또한 그렇다.

마파람에 팔락거린다.
당신 그리움도 그렇구나.
꼬리연 높이 날아간다.
가물가물 멀어지는 저쪽
누구? 연줄을 천천히 당기고 있는 자.

당신은 불통 지역에서

귀 닫고
목소리 잠그고
불통지역에 사는.

휠체어에 단정하게 앉아
맑은 눈 호수처럼 열고
반은 하늘의 힘으로
반은 당신 힘으로.

봄인가 가을인가
저 나무에선 연초록 잎이
사랑의 편지처럼 흔들리는데
산등성이에 홀로 단풍 든 나무에선
기도문 같은 낙엽이
찬바람 속에 흩날리네.

몇몇이 찾은 날
목욕하고 머리 빗고
단정하게 앉은 산.

자꾸 보면
산보다 큰 사람.

무엇을 비우기 좋은 날

집 정리 하면서 무진장 비운다.
이 많은 짐이 집 속에 있었다니 믿어지지 않는다.

고물장수 최씨가 며칠째 가져간다.
덩어리 채 무게로 달아 푼돈으로 바꿔질
저 짐 속에는
아버지가 평생 쓰시던 쟁기도 있고
어머니 곱게 쓰던 가방도 있다.

그 쟁기로 집도 늘리고 책상도 만들었다.
저 가방에서 꼬깃꼬깃 용돈을 챙겨주셨다.

책장도 비운다.
채 읽지 못하고 쌓아 두었던 마음의 짐도 비운다.
아이들의 손때 묻은 장난감도 버린다.
아이들의 아이들이 가지고 놀기에는 너무 구식이다.

따뜻하다.
무엇을 해도 핑계대기 좋은 날이다.

다 가져가면 최씨가 막걸리 한잔 살까?

아릿한 죄짓기에 참 좋은 날이다.

옥수수 말

말의 씨 크기도 이만해서
누군가의 밭에서 싹을 틔운다면
그 색깔도 이럴 거다.

아내와 도란도란 얘기 나누며 씨를 넣은 지
한 열흘
옥수수 알은 며칠 생각하다가
한 색깔로 툭툭 대답을 해왔다.

검은 비닐로 덮은 밭고랑 타고 나가며
드문드문 떨어뜨린 씨앗들이
초록빛으로 살아난 것이다.

저들의 말을 알아듣는 게 농사란데
그때 나눈 우리 얘기는
무엇이었을까?

한 가지 빛깔로 전하는 말
알아듣기 힘든 초보다.

한식

사월, 황사바람 한바탕 지나가고
상석 위의 먼지를 씻어내며
후드득 비가 내렸다.

귀향을 기다리는 장인의 묘소엔
올해도 잡초가 극성이다.

산 쪽에 내려오는 아카시를 잡기 위해
나는 낫자루를 들고 나서는데
북쪽에 있다는 아들은
오늘도 아버지를 기다리고 있을까.

이 땅의 딸 두엇이 봉분 위아래서
두런두런 얘기를 나누며
잡초를 고른다.
손 편지를 쓰는 것이다.

묵은 잔디밭에서 새순이 솟는다.
그것들도 무슨 말을 하고 싶은지
삐죽삐죽 입을 내민다.

낯선 체류자

바깥에서 일을 하다가
밤이면 둥지에 찾아든 그들은
잠들어야 할 이 시간에
오만가지 소리를 벽을 통해 흘려보냈다.

해독할 수 없다.
베란다에 나와서
전화를 거는 소리가
날 듯 말 듯 작은 새처럼 푸득거리다가
더러는 화단의 감나무 잎에 부딪치는 것이
빗소리 같았다.
늦은 밤 취해서 꺼억
피곤한 관절들이 절뚝거리며 계단을 올라가기도 했다.

더러는 방바닥에 대고 코를 골고
제각기 멀고 먼 하늘 아래
사랑하는 가족들에게 보내는 메시지가
뚝 끊겼다가 이어지길 몇 번

잠들었구나.
신축 아파트 공사장에 몰려온 이국의 나그네들
일당 오만 원짜리 무릎들이
잠들었구나.

누구는 저들의 소음 때문에 불만을 드러냈고
누구는 저들의 낯설음에 문단속을 한다.

아는가 저들도 우리만큼 낯가림을 하고 있다.
불안감을 돛으로 세우고
밤마다 국제 여객선으로 귀향 중이다.

연변 아저씨

십 년이 넘었다지
공사판 잡부로 돌아다닌지
아직도 고향 갈 길 없는 연변 아저씨
번 돈은 모조리 송금했는데
아내는 그 돈을 허방에 쓸어 넣었다 한다.

손살이 풀려 주저앉을 만도 한데
덤덤하게 말하는 얼굴
그래도 고향엔 부모가 있고
자식이 있으니
또 한 십 년 벌어야 하지요.

그렇게 이십 년 썩고 나서
돈이나 쥐면 뭐해
그런 소리에도 빙긋 웃고 돌아선다.

오늘도 거친 공사판
망망한 바다에서
마음을 내리고 노를 젓고 있는
그가 우리 집을 지었다.

5부

쇠물안골 새들은 반사경을 쫀다

늙은 벌집

나는 왜 늙은 벌집을 떠올리고 있는 걸까?
벌이 날아가 버린
마당의 꽃 위에서 화분을 묻혀 나르던
그 분주했던 날들
캄캄한 벌집 속으로 밀어 넣은

날 수 없는 늙은 벌이
드문드문 남아서
비어 있는 구멍을
지키고 있는

폭력의 흔적은 없는데
소생의 기운이 침잠한
저 컴컴한 육각의 구멍 속
끊임없이 흘러나오는 소통의 신호

독거노인 드문드문 지키는
고향 마을이라니.

연기

한 줄기 연기 오르며
소통을 하자는구나

동네에서 단 한 채
아궁이에 불 지펴 밥하는 집
노인네 혼자 지키는 성.

구순의 기침이 섞여
쿨럭 거리며 연기 오르고
싸한 하늘로 흩어지면서
하늘이 젖어들기 시작했다.

밤새 기도하듯 잠들다
구부러진 허리 흔들며 산 속 드는 소걸음
반들거리는 문지방 넘어가
빈 깻단 불살라 보내는 신호.

누군 저 정갈한 신호를 보고
발걸음 멈추고

누군 한 줌 소금 꽃이 가슴에 피어
아뜩해 한다.

겨울 아침에 그려 놓는 여백의 그림
숨 쉬듯 살살 오르는
저 연기 바라본다.

독수리화법

독수리화법으로
두 개의 말이 갈기를 세울 때
여덟 마리의 말은 마음 졸인다.

타타탁 트트특 토토톡
잘 나가는가 싶다가도
어김없이 드드득 드드득 백스페이스.

그렇다.
뾰족한 화법의 말은
자기 가슴을 치고 뛰어나간다.
다른 놈들은 얼굴 벌게지고.

새끼손가락의 엔터키는
쉬어 가라 하는데
어쩌겠는가, 지우기도 되돌리기도 안 되는
독수리화법.

뾰족한 손가락 말을 잘 길들여 볼 일
달리고 싶은 말들 함께 뛰어보게 할 일.

산 장마

장마는 하늘에서 오는 게 아니다.
산에서 온다.
나무에서 풀에서 바위에서
시작한다.
물 알갱이를 보듬고 있던 나뭇잎들이 잎을 벌리고
바위들이 천천히 물안개를 뿜어대면
산 장마는 시작된다.

부슬부슬 가는 비가 내리는데
위 천에서 내려오는 물줄기가
꿈틀꿈틀 용트림한다.
어제부터 개울 바닥 돌 구르는 소리가 들렸다.

장마는 이렇게 시작한다.
저 개울바닥에 보이지 않는 것들이
며칠째 소리 내며 구르기 시작하고
산은 단단하던 그림자를 물먹은 천으로 풀어 내린다.

감물 들인 모시 한 필로 펄럭인다.

산을 오르며 안다

기관이 얼마나 녹슬었는지
숨소리가 아예 쇳소리구나
길가의 풀들아
저 나무 꼭대기에 앉아 있는 청설모야
미안타 정말 미안타
내 입에서 뿜어내는 이 열기는
구십구 퍼센트의 오염물질

생각 없이 먹고 마신
하루하루가 무겁다.

가볍게 살아야 한다.
가볍게만 살아라.
나무 이파리의 푸른 가르침을
산을 오르며 듣는다.

좌판을 벌인 들꽃들 있고
그 옆에 늙은 소나무가
말도 없이 지키고 있는 이곳에선
그저 죄인이다.

이런 내린천

내린천에 큰물 나가는 것을 보고서야
이런 생각을 한다.

평소의 그 늠름함과 평온함에 걸맞게
주변에 거느리고 있던 산철쭉과 망초꽃 동반하여
환하게 맞이하던 지난봄과 초여름의 초대를
떠올렸고.
그렇게 유순하게
강둑의 너럭바위를 내주면서
사람의 마음이 물만 같아라
막으면 섰다가 터주면 흘러가는 물만 같아라
이도 내보이지 않고 짓던 작은 미소
바위를 핥고 나가던 부드러움.

그런 내린천 큰물 나가는 것을 보고서야
다시 생각한다.

사람이 사람과 맞물려 사는 것도
이럴 수 있겠구나

강바닥의 굵은 돌 드르럭드르럭 굴리며
강둑을 채우며 달려 나가는 모습을 보면서
순하디 순한 사람들 저럴 수 있겠구나
인제 지나 홍천으로, 홍천 지나 서울로
빠르게 흘러가는 저 물줄기 보면서.

내린천 큰물 나가는 것을 보고서야
물도 제 말을 다하고
흘러가는 것을 알았다.

아침가리 가다

이름도 예쁜 아침가리 가다.
한때는 조경동이라 했을 만큼
한마을 이뤄 살았다는데
한 집 두 집 솔가하여 나가고
지금은 빈 궁터 허허 넓게 비어 있는 곳.

찾아가는 길바닥까지
다래 순이 기어 나와 마중하는 곳
상주인구 두 명에 가구도 두 가구
관공서처럼 태극기도 높이 걸어 놓았다.
아침가리엔 아침부터 갈아야 할 논과 밭도
자연으로 돌아가 쉰다.

통화 불가 지역, 휴대폰은 접어 두고
전기 공급 불가, 세상 소식도 잠시 두절
이런 곳도 있어야 된다고, 내가
얘기하니까 참 맞다. 그래, 푸르릉
새가 솟구치는 하늘이 푸르다.

사람이 밟아 대지 않은 땅에서는
김이 난다. 모락모락 땅 냄새가
아기 똥 냄새다.

마을 가운데
다래 넝쿨이 크고 샘물이 흐르고
그 사이로 뱀 딸기가 주먹 꽃처럼 피어 있는
아침가리엔 모든 게 숨어 살지 않는다.

고로쇠 말

미시령 너머에서 보낸
고로쇠 수액 한잔 마시니
안개 걷힌 방태산 고로쇠나무 한 그루
저벅저벅 다가와 말을 건다.
링거 줄을 타고 흘러내리는 알부민 효과처럼
눈이 떠지고 귀가 열린다.

수액을 채취하는 김씨는
한 그루 나무에서 얼마큼 뽑아야 할지
귀신같이 알고 지키는데
나무가 전해 주는 메시지를 함께 보낸다 했다.

사람의 말보다 발달된 나무의 언어는
한 음절로도 전해진다.
지나치는 기관마다 약수로 분출된다.
터지는 곳마다 1급수 샘골이다.

발이 시리다.
이런 곳에 발을 담그고 싶다.

겨울이 풀려나가는 내린천 바닥에
다섯 발가락 수보다 더 세분화 되어 가는
나를 풀어놓았다.
산천어처럼 힘차게 휘돌아치는
고로쇠 말을 함께 풀어놓는다.

귀둔리 기별

산으로 적당히 둘러싸여진 곳
아침 안개는 묵은 밭을 거쳐
쿵쿵거리며 마을로 내려오고

나는 모자를 눌러쓰고
산길을 오른다.
모든 게 적당히 부드럽고
만나는 나무에선 땀 냄새가 났다.

나무와 나무 사이를 오가며
안개 목욕 하는 게 청설모, 다람쥐뿐이랴.
번쩍거리며 날아가던 세상살이 욕심도
풀어놓으니
핑 돌아서서 가슴을 친다.

몇 그루의 나무는 수도 중
한 켠 떨어진 자작나무 숲에선
사람만한 생각을 하는
나무들이 한 옥타브 낮게 노래하고 있었다.

붉어진 얼굴로 안개 속 지나니
들꽃 몇 송이
무릎걸음으로 다가선다.
저 기막힌 자세.

가슴에서 뛰는 고라니

무엇이 하나
터벅터벅 걸어 다니고 있다.
휘적휘적 걷는 그의 발길에
누렇게 익은 벼 포기가 쓰러진다.

마음이란
뼈와 살과 함께 가슴 속에 담겨 있는
비워지고 채워지는 논바닥의 물이다.

보이지 않는 것
만져지지 않는 것
그것이 드러나지 않는다고 무심하였더니
무논에 그득한 벼포기
그 속에서 아주 은밀하게 고라니 큰다.

달빛 그림자 저 혼자 여닫히는 밤
벼 포기 눕히며 고라니 뛴다.
경중경중 뛰다가 가끔 돌아보는 눈빛.

논바닥의 물을 잘박거리는
청량한 동물 쉽게 놀라는 본성에는
눈물도 몇 방울 매달려 있다.

쇠물안골 새들은 반사경을 쫀다

걸어서 쇠물안골 간다.
휘어진 고개 두어 개 넘는다.

골속에 담겨 있던 안개
소리 없이 흘러나온다.
몇 겹의 치맛자락이다.

도로가에 서 있는 반사경이
저만치서부터 내 모습을 스캔한다.

산새가 날아와 반사경을 쫀 것은 그때다.
침입자를 쫀다.

마음이 자꾸 쓰인다.
새의 의심을 받다니
걸어온 길 반쯤 비추다가
걸어갈 길 반쯤 열어 보이는 반사경
그 속에 갇혀 버린 새와 나

사람을 피하지 않고
연약한 부리로 맞선 쇠물안골 새
너로 인하여 어쩌지 못하는 사내가
반사경 속에서 나오지 못한다.

아직도 쇠물안골은 멀다.

세상 쉬운 일

오직 눈으로만 말할 수 있는 아이.

너는 나비 되라
너는 바람이 되라.

그 아이 평생 안고 사는 사람
아이 눈빛 별빛으로 담아
가슴에 안고 사는 어미.

당신은 꽃이 되라
당신은 나무가 되라.

나비와 꽃이라네
바람과 나무라네

세상 쉬운 일.

산에 그물을 친다

그물을 친다.
무엇이 걸리라고 치는 게 아니라
제발 오지마라 친다.

수시로 찾는 발길
산속에서 뛰어야 할 고라니들
연한 줄기를 뜯어 대고
더러는 멧돼지도 들쑤시고 가니
당할 수 없다.

물에서 쓰던 그물이 산으로 올라왔다.
그물 속에서 크는 곡식알이라니.

산 골 밭마다 그물이니
순한 산짐승뿐이랴
사람들조차 겁낸다.

사람이 다니는 길도
산짐승이 다니는 길도

그물로 막는다.

우리가 사는 세상에는
그물이 너무 흔하다.

비오는 날의 천렵

솥단지 걸어 놓고
거나하게 술 나누는 천렵
아버지 따라 갔던 기억 아득하다.

이 마을 어른들 오늘 천렵을 한다.
닭 삶는 솥 위로 빗방울이 후드득 내리고
불어난 개울물은 잔돌을 굴리는데
아랑곳하지 않고 정담들 나눈다.

고기 몇 점 둥둥 뜬 국 그릇 받아들고
온 동네가 즐거워하던
그날도 비가 내렸고
집에서 기르던 우리 개가 없어졌다.

자꾸 비가 온다.
빗방울은 여러 형상을 만들었다가
이내 사라진다.

비오는 날의 천렵에

동네 아이들은 없다.
나이 든 어른들 몇이 둘러앉아
옛 생각을 뜯고 있다.

냄새 이야기

그 사람에게서 묵은 장 냄새가 났다.
물로 씻어도 보고
숯을 넣어 지워 보려고 해도
고집 센 냄새는 요지부동이다.

할머니 때 쓰던 장항아리
어머니도 평생 장 담갔으니
하루 이틀에 사라질 냄새 아니다.
애초 안 되는 것을 어찌해보겠다고
오늘도 물을 채운다.

물을 채우면 둥둥 떠오르는 사람
저벅저벅 걷다가 달 속으로
걸어가는 사람
장 냄새 나는 사람 그립다.

산소에서 벌에 쏘이다

사람의 마음은 세 겹쯤인가.

산소에서 벌에 쏘이다.
첫 번째 겹에서
쓰라림과 화끈거림의
붉은 꽃이 급하게 피어올랐다.

두 번째 겹에서 파장이 일었다.
진동만으로도 멍들 수 있는
얇은 막이 부풀어 올라
바깥과 안을 밀고 있었다.
시간의 삼투압 현상이 일어났다.

세 번째 겹이 팽팽해지더니
작은 소리를 튕겨내고 있었다.
벌 나는 소리보다는 조금 크고
매미 노래보다는 조금 작은 그리움.

이 소리는 조금 오래 머물 것 같다.

■ 시인의 辯

그 집 불빛을 바라보며

　바람에 흔들리는 집, 비에 젖지 않는 집을 상상한다. 그 집에서 하룻밤 잠을 청한다. 목소리 작은 주인은 누구나 반갑게 맞이하지만 아무나 이 집에 들어 갈 수가 없단다. 집이 워낙에 가벼워서 걸치고 있는 옷은 모조리 벗고 들어가야 한다. 마당에 서 있는 대추나무에 지금까지 자신을 감싸고 있던 일상의 바쁨과 체면을 모두 걸어 두어야 한다. 어떤 이는 그 무게가 어찌나 무거운지 단단한 대추나무 가지가 부러질 지경이라고 한다. 그러고도 들어가지 못하는 이 있단다. 아주 작은 문을 통과해야 하는데 이는 고개를 숙여야 하는 정도가 아니라 기도하듯 엎드려 기어들어가야 하기에 어린아이의 유연성이 필요했다.

　　무채색의 집이
　　불 밝히고 있다.

　　그 집 언저리에서
　　따스한 불빛이 다독거리는 소리를 듣는다.

쉬어 가라고 한다.
감사히 수용하라 한다.

을미년 가을, 한 매듭을 지어보자고 원고를 정리한다. 이제 와서 어찌해 볼 수는 없겠지만 붉은 고추 색으로 잘 물들었으면 좋겠다. 지난 시집 발간 후 쓴 시들이라 시차가 있어 한 색깔로 고르게 되기는 힘들 것이다.

바다가 훤히 바라보이는 공간에서 한 사년 동안 아이들 뛰노는 모습을 바라보았다. 이곳의 사년뿐만 아니라 지나온 교단생활도 정리해야 할 시간이다.

가을 고추 거둘 무렵 누군가가 떠났었다. 가을볕 따끈함에 지나온 날들 잘 말려 가볍게 챙겨가라 축원했었다. 가을볕에는 무엇이든지 잘 마른다. 그래서 기왕에 떠날 바에는 가을에 떠나는 것이 좋겠고, 무겁게 떠나기보다 가볍게 떠나는 것이 좋겠다. 가을에는 들판을 쏘다니는 수많은 영혼들이 있다. 가을들판의 꽃은 모두가 깊은 사유의 몸짓으로 바람에 흔들린다. 가벼운 영혼들이 꽃 머리에 앉아 있기 때문이다.

내 시의 출발은 이런 것이다. 미시령 울산암을 뒤덮은 무거운 안개 속을 지나다가 내 가슴 속에 숨어 살던 늙은 사자를 꺼내 놓는 일은 재밌다. 겁이 많아서 큰 울음소리 한번

내지르지 못한 사자, 내가 키운 적도 없는 이 늙은 발톱, 이렇게 꺼내고 풀어놓는 일이 나를 유연하게 하는 일임을 안다. 오늘은 고양이도 불러오고 싶다. 스님이 바랑이에 지고 와서 깊은 계곡에 풀어 논 고양이는 혼자 자는 스님의 방 바깥벽에서 코를 골며 온기를 보냈다. 스님은 몇 줄 글로 고양이를 풀어놓았지만 나는 숲 속에서 반짝이는 고양이 눈빛을 상상했다. 가냘픈 고양이 숨소리가 두타연 계곡의 맑은 물소리와 어울려 불경소리로 들렸다. 몇 년 함께 시 얘기를 나누던 스님은 다시 산 속으로 가셨다. 인연이란 늘 그런 것이다. 지난 해 갈뫼 산을 지키던 분이 감곡리로 가셨다. 제왕나비의 비행처럼 오랫동안 한길을 걸었던 분이다. 생전에 함께한 시간 많았는데도 생각할수록 아쉽다. 유고작품집을 만들면서 더욱 그랬다.

　혼자 가는 길은 멀고 외롭다. 그렇더라도 어차피 사람은 혼자 간다. 혼자 가다가 혼자 사라진다. 그렇더라도 사라졌다가 나무가 될 수 있다는 생각, 꽃이 될 수 있다는 생각은 아름답다. 너는 나무되라 꽃이 되라 하는 마음이 나무를 보고 꽃을 보고 시를 쓴다. 작은 영혼 깃든 시를 불러온다. 때로는 마르지 않은 진흙길을 가보면 안다. 내가 딛는 발자국이 남긴 흔적 덕분에 그 속에 담긴 물기에 의존해서 살아가는 작은 미물들을 보면서 작은 가슴 떨림을 해본 사람은 안다. 내가 살린 것이 있다면 내가 밟은 것은 또 얼마일까 그런 마음으로 조심스레 떼는 발자국의 흔적도 시가 된다.

의미를 담으면 돌멩이도 보석이다. 사랑하는 사람과 개울가를 걷다가 서로 주워 나눠 가진 조약돌은 돌멩이의 가치를 넘어선다. 그 돌멩이에 온기를 주고 대화를 나누다보면 그 조약돌이 그 사람 얼굴을 닮아간다. 그렇게 안 된다 생각하면 영원히 안 된다. 그러나 된다 생각하면 되는 것이다. 누가 봐도 안 되는 이치를 순수의 강도로 녹여내는 피그말리온 온기가 나의 가슴을 적신다.

아버지와 어머니 생각이 늘 난다. 옛말에 '존경함에 있어 아버지만한 이 없고, 의지함에 있어 어머니만한 이 없다.'고 했다. 그래서 '아버지 돌아가시면 평생이 외롭고, 어머니 돌아가시면 평생이 슬프다.' 했다. 아버지는 지게질로 나를 키웠고 가르쳤다. 어머니의 쪽진 머리 그 흑단 같던 머리칼이 풀려서 잘렸다. 뱀에 물린 내 다리를 묶기 위해서였다. 자식을 위해서라면 누구 앞에서도 맞섰고, 누구 앞에서도 두 손을 모았다. 아침에 이면수를 구워 낸 아내에게 참 맛있다고 했다. 그랬다. 오랜만에 온 아들에게 어머니는 귀한 이면수를 구워 냈다. 노릇노릇 구워진 이면수는 기름이 잘잘 흘렀다. 바라보던 눈빛이 어미 소처럼 그윽했다. 그런 부모님 가까운 곳에 모시고 산다. 시라기 보다 그저 마주하는 눈빛이다.

공현진은 태어난 고향은 아니다. 그러나 어린 시절 자라던 곳이니 고향이다. 고향이란 어머니의 자궁과 버금간다. 고향을 유년기의 자궁으로 생각하는 사람은 큰 죄를 짓지 않으리란 생각이다. 고향이 가르친 것들이 선함과 따스함

이기 때문이다. 산업화, 도시화되면서 전통적인 고향의 모습은 사라졌지만 사람이 자기가 자라던 곳을 그리워하는 것은 영원하리라.

요즘의 농촌이 그렇듯이 집 수도 줄어들고 사람도 줄어들었다. 휑하니 길만 넓어졌다. 마당에 나는 풀도 지겹고, 여름내 덤벼드는 모기떼를 생각하면 훌쩍 도시에 나가 살고 싶다가도 저걸 다 어떻게 치우나 해서 마음을 다잡지 못한다. 두 그루의 감나무를 보면 더 그렇다. 첫 아이 출생 기념으로 심었는데 가깝게 심어 두 그루가 서로 가지를 겹치고 있다. 나무둘레가 아이 허리통만하고 키는 지붕을 넘겼으니 꽤나 크다. 옛집에서는 뒤란이었지만 새집을 짓고는 마당에 서 있는데 여름 내내 익지 않은 열매를 떨어뜨린다. 서 있는 곳이 모래땅이라 땅 힘이 없어 그렇다고 한다. 감나무에는 잘 안 덤빈다는 벌레도 달고 살아서 제대로 된 결실을 보지 못한다. 종자도 개량종이 아니어서 알이 작고 달지도 않다. 그런 감나무지만 한 여름 푸르게 새순 틔워 하늘을 덮는 시원한 기운은 비교할 데가 없다. 요즘은 아주 중요한 일도 하고 있다. 택호를 만든 것이다. 찾아오는 분들이 '위치가 어딥니까?'하면 '감나무 집이오.'하면 된다. 그리고 더 어찌해볼 수 없는 것이 이 감나무들이 하늘과 통하는 손짓을 하고 있다는 것이다. 어느 순간 하늘과, 그 하늘 속의 그 누구와 대화하는 나무의 모습을 눈치 챈 이후 나는 이 나무를 무시할 수도 쉽게 잘라낼 수 없었다.

친한 사람과 가까이 한다. 나 역시 그렇다. 무엇과 친해야 글을 쓴다. 그것이 당기는 힘이 글을 쓰게 하는 것이다. 친하지 않은 것을 글로 쓰면 남의 옷을 얻어 입은 것처럼 불편하다. 그래서 잘 모르고 친하지 않은 것을 쓰지 않으려고 한다. 농촌에서 자란 사람과 도시에 자란 사람의 생각은 같을 수 없다. 소 먹잇감을 베다가 억새에 손가락을 수없이 베어본 사람과 아스팔트를 밟으며 살다가 차창으로 흔들리는 억새를 바라보는 사람의 마음은 같을 수 없다. 머리로 쓴 글과 가슴으로 쓴 글이 얼마나 다른가를 생각하곤 한다. 시를 가슴으로 쓰고 싶다는 것은 모두의 생각이지만 그러지 못하는 것이 또한 현실이다. 모두가 시대의 조류에 맞춰 현대적인 감각으로 쓸 이유는 없다. 그런 노력을 하는 사람도 있어야 하지만 자기 생각, 자기 체험으로 돌밭을 갈 듯 묵묵히 걸어가는 사람도 필요하다. 이런 글 읽고 마치 자기 글처럼 반가워하는 사람 몇 만나면 족하다. 그러니 내 시를 세상에 내놓는 일에 마음 바쁠 일은 없다. 친한 것이 가족과 이웃이요, 문우회와 아이들 가르치며 만난 사람들 몇이다. 그렇더라도 글을 쓰는 사람의 책임이라는 것도 생각해 본다. 이 땅에서 글이랍시고 쓰면서 세상이 아름답게 돌아가야 하는 일에 소외당하거나 그런 일 좌지우지 하는 힘에 눌려 제 생각을 바르게 표현하지 못하면 안 된다. 이게 내 생각이다.

    외국인 근로자들의 열악한 생활모습을 본 적이 있다. 더러는 체류기간을 넘기고 불법체류자기 되어 기본 인권을 저당 잡힌 채 혹사당하고 있다. 그들의 모습에서 현대화 이

전 외국에 나갔던 우리 근로자들의 아픈 과거가 떠올랐다. 지금 우리가 저들에게 베푸는 대접이 외국에 나가서 받아야 하는 우리들의 인격적 대우와 비례한다. 내 일이 아니라고 지나쳐선 안 된다. 그들의 가슴에 희망의 분수가 솟구치고 이곳 체류가 아름다운 기억으로 채색되어야 한다. 무엇보다도 남이 아닌 나의 눈길, 손길에서부터 그런 따스함이 전해져야 한다. 유럽을 뒤흔든 난민자들에게 이유야 어떻든 받아주겠다는 나라가 늘어난다. 이게 맞다. 우리나라에서도 다문화 가족에 대한 인식의 변화와 포용에 관한 문제 제기는 계속 되어야 한다.

고물장수 최 씨는 착하다. 능력도 있다. 착하고 능력 있는 최 씨가 열심히 노력하니 잘 살아야 한다. 세상 사람들은 재생활용품을 수거해 주는 그 사람에게 모두 고마워해야 한다. 그런데 고물 값은 자꾸 곤두박질치고 그런 일 하는 사람들은 누구의 관심도 받지 못하니 의욕을 잃는다. 모두가 화려하고 편하고 깨끗한 곳에만 눈길 준다면 누가 이 사람들의 발길에 불을 밝혀 줄 것인가. 내가 버리는 쓰레기는 누가 치워주며, 길거리의 폐지는 누가 주워줄 것인가. 어둡고 소외된 곳을 따뜻한 눈길로 바라보는 사람이 많은 세상이 살기 좋은 세상이다.

시에 대한 생각을 전해 듣는다. 중견 시인으로부터 고기 잡는 일을 평생하고 있는 초등학교 동창생에 이르기까지다. 각양각색이다. 절차탁마한 언어도 아니고 긴장감도 별

로인 시란 걸 안다. 그런 식으로 쓰고 싶은데 그렇게 못한다. 그래서 그런 시를 보면 부럽다. 부러워서 흉내 내고도 싶다. 그러다 이내 내 자리로 돌아온다. 쉬우니까 읽는다는 그런 한 마디 말 덕분이다. 어렵게 쓰고 고상하게 표현한 시는 그런 시를 좋아하는 사람이 읽으면 된다. 나의 시적 대상이 된 이웃들은 그걸 따지지 않는다.

 상추씨 속의 작은 하늘에 희망을 심어가던 칠성이 형은 잘 계시는가? 동네에 시 쓰는 동생이 있다고 끔찍이 대접해 주던 형이다. 그가 끔찍이 대해 주니 나도 끔찍이 그를 좋아했다. 그가 깊은 병이 들었을 때 진심으로 병이 낫기를 빌었었다. 꼭 나아서 시 쓰는 나를 지켜봐 주길 원했다. 그런데 하늘은 그런 사람 불러갔다. 쉬지 않고 일만 하다가 저 세상으로 가면 심심할 것이다. 심심해서 무슨 일이고 찾아서 할 것이다.
 친구 집에서 밥 먹는 때가 많다. 경북호선장네와 잠수부 친구네는 수시로 함께한다. 아귀 한 마리 삼숙이 한 머리 잡아와도 밥 같이 먹자 한다. 그야말로 밥이나 같이 먹는다. 이렇게 제 집 밥 먹 듯 하기는 힘들 것이다. 두레반을 펴놓고 둘러앉아 함께 밥을 먹으면 편하다.

 2015년 가을 아내는 상봉신청을 했다. 생각지 않던 남북 최고위급회담으로 분위기가 고조되었다. 함경북도 학성군 원적지를 비문에 새기고 실향민 1세대 장인 돌아가신지 꼭

이십 년만이다. 생전에 장인도 여러 번 상봉신청 했지만 뜻을 이루지 못했다. 월남한 반공세력은 북쪽에서 잘 받아주지 않는다. 이곳 실향민 대부분이 포기하고 산다. 그렇더라도 신청조치 못하랴. 얼굴도 본적 없는 칠순의 오빠를 만나야겠다고 신청한 것이다. 이유는 가족이기 때문이다. 가족은 만나야 하기 때문이다. 이제 와서 먼저 가신 실향민들의 한을 어찌해 볼 수는 없겠지만 상봉행사만이라도 끊어지지 않고 이어지길 빈다. 그 후손들이 있기 때문이다. 북쪽 고향마을 약도를 그려놓고 통일을 애타게 기다리던 초도 아저씨도 벌써 저 세상으로 가셨다. 그래도 통일은 이뤄져야 한다.

왕성한 벌들은 모두 제 집을 만들어 날아가 버렸다. 늙은 벌집 독거노인네들의 집, 그런 집 드믄드믄 서 있는 고향에서 고라니 콩순 뜯는다고 밭에 노루망 치면서 농사짓는다. 깨 농사도 두어 말씩하고 쥐눈이 콩도 두어 말 했다. 사과나무에서는 제법 굵은 알이 붉게 물들어 가고 주인 닮은 해바라기는 사방에서 고개를 숙이고 있다.

시를 묶는다. 등단하고 7년만의 첫 시집, 그 후 9년만의 두 번째 시집, 이제 11년만의 세 번째 시집이니 이런 주기라면 다음 시집은 꽤 오랜 시간이 지나서야 만날 수 있으리라. 예나 지금이나 내 이웃들에 대한 삶의 모습, 나의 농촌생활, 분단의 아픔을 겪는 이 땅의 실향민들에게 마음 나눔

이 되는 시를 쓰리라.

 '흔들리는 집' 바라보기에는 이쯤이 좋다. 어찌어찌하다가 하룻밤 그 집에서 머물 수 있을는지 모르겠다. 어쩌면 평생 바라보기만 하다 말지도 모른다. 그렇더라도 그 집 불빛을 바라보는 일은 내가 할 일이다.

> 누구 그리워하기엔
> 가을볕이 참 좋다.

 시집 한 권 펴들고 앉아 있기에도 가을은 더 없이 좋다. 따뜻한 눈빛 보내주던 분들 더러는 떠나고 더러는 멀리 가 있다. 둘러보니 함께 가는 이도 적지 않다. 항상 마음을 나누고 싶은 고마운 분들이다. 더 늦기 전에 시집으로 안부를 전하리라.

2015. 11.　김춘만

- 1988년 「월간문학」으로 등단
- 시집으로는 「어린 생명에게도 그늘을 던져야 한다」 「산천어 눈빛닮은 당신」 「두타연 고양이」가 있음
- 한국문인협회회원, 강원문인협회회원, 설악문우회(갈뫼동인)회원으로 활동.
- cmhhk@hanmail.net

김 춘 만